父母的趣味教养宝典

谁才是老大？

——家长立威宝典

(塞尔维亚)Nevena Lovrinčević 著
杨改娇 译

哈爾濱工業大學出版社
HARBIN INSTITUTE OF TECHNOLOGY PRESS

黑版贸审字08-2015-019号

图书在版编目（CIP）数据

谁才是老大？：家长立威宝典 /（塞尔）内韦娜(Nevena) 著；杨改娇译. -- 哈尔滨：哈尔滨工业大学出版社，2015.6

（父母的趣味教养宝典）

ISBN 978-7-5603-5437-8

Ⅰ. ①谁… Ⅱ. ①内… ②杨… Ⅲ. ①儿童教育一家庭教育 Ⅳ. ①G78

中国版本图书馆CIP数据核字(2015)第117498号

Who's the Boss in Your House

Nevena Lovrinčević
Marko Somborac

策划编辑　陈　洁
责任编辑　刘　瑶
封面设计　刘长友
出版发行　哈尔滨工业大学出版社
社　　址　哈尔滨市南岗区复华四道街10号　　邮编　150006
传　　真　0451-86414749
网　　址　http://hitpress.hit.edu.cn
印　　刷　哈尔滨市工大节能印刷厂
开　　本　880mm×1230mm　1/32　印张3.125　字数55千字
版　　次　2015年6月第1版　2015年6月第1次印刷
书　　号　ISBN 978-7-5603-5437-8
定　　价　18.00元

引 言

老大——情境的掌控者，局势的操纵者。

SASA词典

虽然这样讲挺不好的，但是我真的很讨厌周五下午，我迫不及待地想周一早上快点到来，好去上班……我害怕回家，因为我永远都不知道在家会发生什么事情。我的儿子仅有三岁大，尽管家里有三个成年人，但他仍是唯一的“霸王”。在家里我要万分小心，为了让他高兴，我不仅要做他要我做的事，还要按他的方式来做。只要稍不顺他的意，他就开始乱发脾气，或是哭哭啼啼、闷闷不乐。我时常觉得他根本不知道自己想要的是什么。谁坐在哪儿，谁做什么，谁给他洗澡，什么时候去睡觉，吃什么都要由他来决定……我要时刻注意他的行为，说实话，我都有点怕他。我也尝试过跟他讲道理以期待能解决问题，但没什么实质性的改变。我老公也会发脾气，甚至还会打他。当我实在没办法的时候，我也会对他大吼大叫或是打他。然而，这些一点儿用都没有，反而使自己感觉更糟。以前我一直想要两个孩子，但现在一个孩子我都快应付不了了。我不敢想象再多个孩子会是什么样……

桑迪，艾利克斯的妈妈

谁是你家的老大？或许，你不想用“老大”这个词来指家里的任何一个成员。然而，“老大”这个词却很好地描述了一个家庭的真实现状以及权利分配：孩子比父母拥有更多的决定权，尽管他只有一丁点大，而父母是负责照顾他的人，每天早晨起床给他做早餐，送他去幼儿园，再去上班，晚上还要去幼儿园接他回家。上述情况可能有点搞笑或是夸张，但是家中有个“小霸王”的父母肯定深有体会。他们害怕孩子，因为他们知道一点点的小事就能激起孩子的愤怒和无理取闹。他们知道不管自己感觉有多糟，不管自己多苦口婆心地跟孩子讲道理，也不管自己有多生气或多愤怒，甚至动手打孩子，到最后事情还是会以孩子所希望的方式发展。无论是涉及睡觉时间、饭前吃零食、拒绝收起玩具和铺床或是宵禁，遇到过相同情况的父母到最后经常放弃去管教孩子，而且他们感觉自己已经筋疲力尽了。他们时常问自己这样的努力是否有意义，有时他们甚至会找一些自己都无法解释的理由，比如孩子的性情、学校的影响、过度溺爱孩子的爷爷奶奶、经济危机的影响、社会……

不管怎样，有件事我们要牢记：**如果在家里，孩子拥有所有的权利，那是因为父母给他的。比较欣慰的是，既然你可以给孩子权利，你就可以把它收回来。这样做不仅是为了你自己，更是为了孩子的幸福。**

目录 CONTENTS

家庭权利的分配

想象一下你的曾祖母手里拿着一个勺子满院子地追着你年仅三岁的祖父："停一下，不能再玩了。现在该吃午饭了，等会儿再玩…… 快点，听妈妈的话！来，吃一口……离开隧道，火车要来了……不能再这样了！"除此之外，她还有四个或五个孩子，而且家里没有吸尘器，没有洗衣机、洗碗机。你可以再想象一下，你十三岁的曾祖母对她的爸爸说："没看到我在打电话吗？我现在没时间扫地。"当然，这样的场景在那个年代也不可能发生，因为类似手机这类东西在当时是没有的。直

到三四十年前，讨论“家里谁说了算”这个问题仍是不合适的，因为父母的权威是无可置疑的。

就算时光可以倒流，你可能也不会愿意回到你曾祖父或是曾曾祖母所生活的那个年代（不只是因为那个年代没有洗衣机和洗碗机），你也不想要你的孩子通过亲吻你的手以示尊敬，而且对你要用尊称，你生气的时候他就乖乖地低头站着不动。你肯定想要跟孩子保持一种亲密、温暖、自由的关系。当孩子比较淘气时，你可能会觉得传统的教育方法也没什么不好。

那么有没有可能在互相信任的基础上，跟孩子建立一种亲密、和谐的关系，同时还能让大家都知道谁才是家里真正的权威呢？有没有可能父母是家里的权威呢？值得欣慰的是，上面所提到的事情是完全有可能发生的，但它不会自己发生。这就需要父母的努力，努力去建立这种有利于父母和孩子双方亲密、和谐的关系。这是完全有可能的，而且父母开始得越早，事情就会变得越容易。

我们开始在家里建立或重获权威之前，要先考虑以下问题：这个很重要吗？为什么它很重要？

权威、权利和影响力

谁是成人？谁是小孩？

这个问题是一位心理学家在一次咨询会上向之前有被叫到的一对父母和他们五岁的儿子提出的。

父母权威的实质与其他权威并没什么区别：它们都是关于谁拥有至高无上的地位，简单点就是谁说了算。需要强调的是，父母的权威不是肤浅地向外人展示家里谁做主，而是教育的基本问题。管教孩子是成为好父母必不可少的一方面，如果父母在家里没有权威，他们对孩子就没有影响力，因此也就不能以合适的方式教育约束孩子。很显然，父母不会仅仅为了显示自己的权威就把意志强加给孩子，在一些特定情况下（根据孩子的年龄和成熟度），父母比孩子更清楚孩子的需求，更明白什么对他有益，什么对他有害。孩子在饭前可以无节制地吃糖吗？打人是对的吗？可以用钉子去探测插座吗？一个十四岁的孩子能和朋友一直玩到凌晨三点吗？能不做家庭作业吗……父母每天都要面临无数这样的情况，因此必须要面对孩子的意愿和父母权威之间的冲突。假如父母让孩子自己做决定，他可能会发现自己处于迷惘中，茫然不知所措，这不管是从短期或是长远来看都对孩子不利。但是，父母拥有更多的生活经验，更成熟，在家里更有地位，因此在特定情况下，要由父母来判定孩子是否需要自己承担责任，是否需要自己做决定；判定是否对孩子让步，或是直接由父母做决定。

因此，如果我们重新探讨“谁是成人？谁是小孩？”这个问题：那么一些窘境就会自然消失。很简单，在做关于什么行为是可接受的，什么行为是不可接受的决定时，父母的角色和地位跟孩子是不可能平等的，即使孩子不喜欢也没办法。

在孩子幼年时期（通常是从两岁开始），作为父母在家中的地位是不同于作为委员在常务委员会中的地位的，因为在常务委员会中所有成员（不管是孩子还是父母）的地位都是平等的，所有的事情都是民主决策的。

父母在家中的地位更像是一个独裁者——一个和善、有爱的独裁者，但仍然是独裁者。关于什么能做，什么不能做，在家里要遵守什么规矩，在外面要遵守什么规矩等问题是不应该作为主题来讨论和协商的。为什么不让一个两岁的孩子去煎牛排或是让一个七岁的孩子开车呢？因为他们还没到年龄，没有那个能力。

同样的回答也适用于决定什么行为得体，什么行为不得体。你不能期待一个年仅两岁的孩子知道在特定场合要行为得体，在商场要牵着你的手或紧跟在你身后。假如你跟孩子已经约定好：在你购物时他会乖乖听话，不会到处乱跑，后来就算他不遵守约定开始到处乱跑，你也不要失望和生气。因为他还不知道什么是约定，还没有到能明白约定意味着什么的年龄。当然，这并不意味着你就可以让他到处乱跑，碰翻瓶瓶罐罐，相反，你应该采用一些更符合他年龄段的方法。

一位妈妈生气的喊骂声引起了商场里许多人的注意。“我再看你的时候，你敢不在那里待着试试看”，这句话是对一个年仅两三岁的小女孩说的。即使是年龄稍大一点并且接受过教育的人都需要一点时间才能明白这位妈妈究竟想要表达什么意思。很显然，对于一个年仅两三岁的孩子来说，她是完全不可能明白的。除此之外，在一个满是拼图积木、玩具和糖果的地方，你期望一个两三岁的孩子乖乖地跟在妈妈身后也是完全不现实的。因此，父母就有必要根据孩子的性格、具体情况以及孩子的年龄、成长需求、能力等来调整管教孩子的方法和对孩子的期望。只有这样我们才能期望以正确的方式建立父母权威。

在家里类似民主这类东西只有在几年之后，在孩子长大后才会出现，也就是说，在他成长的过程中，你根据他的年龄、责任感和成熟度给他更多相应的自由与权利。你跟孩子一起慢慢地把你替他做主转变成他自己为自己做主。这样孩子才能成熟，才能更好地发挥自己个性中好的部分。当孩子在经济上或是其他方面还依赖你的时候，你们之间就几乎不可能有完全的平等，因此即使在孩子的青少年时期，即使你的家庭没有绝对民主，也仍需要尊重父母和孩子双方的需求和权利，同时也要相互协商和妥协。但是，在通往民主的道路上，“独裁”这个阶段是不能被省略或忽视的。

如果我们能够明白在父母用自己的影响力教会孩子

十五岁的斯蒂文在初中时虽不是个勤奋刻苦的学生，但至少也不会惹祸。但进入高中以后，他便开始逃课，而且还经常顶撞老师，在学校表现很恶劣。由于他经常逃课，无视学校纪律而受到了学校的处罚。他的父母对此感到很困惑，也很担忧。他们从来不束缚他，甚至觉得他们和斯蒂文之间的关系挺融洽，他们搞不懂自己到底做错了什么，也不知道自己应该怎么做。他们两个都上过大学，而且在校期间成绩优异，从来没有受过什么处分。斯蒂文是他们唯一的孩子，所以他们几乎把所有心血都倾注到了孩子身上。他们总是尽可能地不限制他的自由，因为他们都是在家教森严的家庭中长大，所以他们想给自己的孩子一种完全不一样的体验：即拥有更多的自由来自己做决定。慢慢地，他们也发现自己跟孩子的关系在不断恶化，与孩子的争吵和冲突越来越频繁。当读到这个情况时，他们只是很无奈地说："我们也无能为力了……"

什么行为得体，什么行为不得体的过程中，教养和家规是必不可少的一部分，既然如此，那么关于权威和权利问题的重要性就显而易见了，因为这与父母的影响力密切相关。如果父母没有权威，他们就不会有权利；如果父母没有权利，他们对孩子就没有影响力。所谓的权利问题实际上也就是父母常说的"我也无能为力了"的问题。

对孩子感到无能为力的父母指出他们面临一个十分棘手的难题：在大多数情况下，他们对孩子没有任何影响力，因此孩子要么很乖很听话，做一些父母认为有必要的事，要么就对父母的话充耳不闻，只做自己想做的事。在孩子还小，甚至是一直到孩子青春期的时候，那些想方设法避

免不与孩子发生冲突的父母可能无法体会到权威的重要性。但是，如果这种情况一直持续到孩子的青年时期，那么父母想在家里和外面发挥影响力的难度就会越来越大。假如父母对孩子没有影响力，那么就会有其他人代替父母对孩子产生影响，比如跟孩子同龄的人或是孩子身边的人。在孩子到特定年龄之前，同龄人相比于父母会对孩子产生更大影响，这是很正常的事情。但是，不管怎样，在特定阶段父母对孩子是否具有影响力仍然显得很重要。

在多数情况下，父母影响力的缺乏是家庭关系极度混乱的表现，通常还和父母与孩子之间关系的疏远有关。因此，父母很有必要知道权威问题（不管他们在孩子面前有没有权威）只是父母和孩子相互关系中的一小部分，而且这个问题是无法单独解决的。青春期的孩子正处于叛逆期，这时如果由于权威问题导致父母和孩子之间的关系破裂，那么除了会造成父母孩子双方长期对立外，还会对家庭的其他方面造成影响，因此，父母要全面慎重地解决这个问题。假如有需要的话，父母也可以从心理学家或专家那里寻求一些专业建议。

权威和自愿同意

权威终结的地方就是自愿同意终结的地方。

——伯纳德·德·茹弗内尔

海伦问她的朋友麦莉如何管教她十多岁的孩子以及她的孩子是否做家务。起初，麦莉不大明白海伦的意思，所以海伦就给她解释了一下："我的意思是说做一些日常的家务，比如倒垃圾、擦地板、打扫自己的房间、购物等类似的事情。""噢，这样啊。不，他从来不做这样的事情，"麦莉如实地说。这下轮到海伦不理解了，她说："他当然不会做这些事了。那面对这种情况你是如何处理的呢？""我什么都没做。他是不会做这些事的。偶尔他高兴的时候会自己整理一下自己的床铺，仅此而已，"麦莉回答到。

正是由于自愿同意问题使得父母有时难以获得权威。如果孩子能乖乖地做父母想要他做的事，即便这些事与他的需求和欲望相冲突，那么对所有父母来说生活就会容易得多。其实，要理解麦莉十多岁的孩子不愿做任何家务这个事实也不是特别困难。孩子唯一想做这些家务的时段是在他两三岁时，他拿着抹布或扫把到处挥舞，把架子上的瓶瓶罐罐拿下来擦洗一遍。那时的他很享受自己能帮父母做家务的感觉。等到了上学的年龄，父母期望他能真正帮忙的时候，家务活对他父母来说就变成了一种负担，因此成为父母跟孩子不停争吵的缘由。这完全可以理解。谁不愿意坐在沙发上悠闲地喝着咖啡看着书，而不是忙着打扫房间、上班、购物、带孩子去看牙医或是把车开到汽修厂去维修。生活总是充满了各种不如意，如果可能的话我们宁愿选择跳过这些不如意。可有时候这种可能性是不存在的。

对一个五岁或十五岁孩子的要求和对一个成人的要求显然是不一样的。父母应该做的不是一味自己承担所有责任，也不是一味地要求孩子做你们认为有必要的事情，而将孩子的不满置之不理。正如我们所讲的例子那样，只要孩子一说“不”或是稍微或强烈地反对一下，父母就妥协、放弃，那么父母和孩子很快就会遇到问题。假如孩子能习惯地做一些他自己不是很热心的琐事（比如打扫房间、倒垃圾，或类似这样的事情），他将受益匪浅。也正因如此，他将学会如何正确有效地去应对成长过程中所面临的各种挑战，而不是把它们当成折磨人的事情。

有时，父母会发现要求孩子做事太费力，为此他们宁愿自己去倒垃圾或去商店买东西，也不愿花力气说服孩子去做这些事。轻易放弃对孩子的这些要求是不好的，因为在这里重要的不是谁去倒垃圾，而是要让孩子知道，每个人都会做一些自己并不喜欢做的事情。

当然，有孩子的人都知道，当孩子的意志跟父母的要求相冲突时，就是父母能否成功显示自己权威的时刻。但并不是每一次冲突父母都能成功显示自己的权威，因此，即使有时父母没办法成功显示自己的权威，是否依然能用最后的胜利来建立和维持自己的权威呢？

对于这个问题的回答要依据父母的立场和他们对自己作为父母这个角色的看法：如果他们认为在父母与孩子的关系中，父母是被赋予权威的，那么一切事情都将会比父母不确定自己权威时要容易得多。如果家里到底是谁做主这个问题能被合理地解决，或父母在家里有一定的权威，那么父母就没有必要不断地证明自己的权威了。但是，如果父母不能始终表现如一，在孩子面前一

会儿是严厉的家长，一会儿又变成了他随和的朋友，或是在该由他们做决定还是该由孩子做决定的时候表现得犹犹豫豫，孩子就会以为每次的冲突都是新的，每次都应该坚持反抗下去。这将会导致父母和孩子每天都在争吵和劝说，另外，每次冲突时输赢的不确定性（不确定是父母赢还是孩子赢）也只会增加彼此之间不断冲突的可能性。这对父母来说是很累人的，从而导致他们情绪失控、行为过激或是准备向孩子屈服妥协。

因此，在对待孩子时，父母表现得越自信、越确定、越镇定，就能越早地接受作为父母必须要有一定的权威这个事实，孩子就能更容易接受这样一种状态。

当父母认为一件事很重要而孩子却不以为然时，父母是否会继续坚持呢（以何种方式）？父母是否有权威或有是能力把自己的意志强加给孩子呢？很显然，大多数父母都处于这两个极端之间。这是完全可以的。稍后我们会讨论孩子一味地顺从父母是不好的。但是，反过来孩子的意志占主导，而父母则放弃与孩子的冲突，暂时或完全向孩子妥协也是不好的。

有时，对孩子寄予过高的期望，跟对他寄予过低的期望或是压根就对他不抱有任何期望一样是不好的，此外，对孩子寄予期望的程度将会影响父母和孩子双方意志相冲突时的结果。如果父母总想要孩子得全A；总想让他的房间始终整洁有序；总是坚持让他参加各种课外活动而且要求他绝对地顺从，这恐怕是很困难的。即使孩子会尽力不辜负父母对他寄予的过高期望，但这种过高的期望对于孩子以及父母与孩子的关系来说都是没必要的，而且是有害的。

当然，我们在讨论自愿同意问题和权威问题时，也要重视父母与孩子亲密关系的重要性。如果父母与孩子之间关系亲密，能互相信任，孩子通常会更愿意听父母的话，按父母的要求做事；父母能更敏锐地发现孩子成长的需求，为此他们会根据孩子的需求给他设定界限和要求。关注孩子的需求，同时为他设定清晰明确的规矩，这样父母就能很容易建立自己的权威，而且还不会与孩子的意志发生冲突。

父母为何没有权威

给我一个好孩子，我就会成为一个伟大的父亲。

——达斯科• 拉多维奇

父母为何没有权威？这个问题的答案很简单：因为他们自己放弃了权威。至于是否是他们有意识地这样决定则是另外一回事了；但如果我们看一下自然界中事物的秩序，父母权威问题的简单性对我们来说就显得更清楚了。

地球上有三四千万种动物，其中哺乳动物有五千多种。如果我们只观察哺乳动物，就会发现所有的哺乳动物无一例外都要哺育自己的后代。当然，这是很容易理解的，因为这是一种本能的行为，正是这种本能的行为才使得某个种族的存活和延续成为可能。大多数哺乳动物会将幼崽哺育至成熟阶段。不同的哺乳动物会在很大或者很小

的程度上与人类存在相似点。尽管我们处于食物链的最顶端，尽管认知与理智将我们和动物区别开来，但作为一个物种，我们仍是自然界不可分割的一部分。从这个意义上讲，关于我们正在讨论的父母权威问题，下面的事实就很有趣：在动物世界中，没有一个物种的子孙会在它们还没成熟之前就认为自己可以当首领的，或是认为自己的地位高于父母的地位。动物界不存在这样的情况。一只小老虎对着它的爸爸挑衅地咆哮，一只年幼的猩猩猛打比它大很多的妈妈就因为妈妈没有按它的方式做事，一头小象带领着一群成年大象，这样的事情会让我们觉得很好笑。这些事情之所以有趣是因为它们很荒谬，而且在动物界是根本不可能出现的。

的确，对一些人来说，将动物界的权威与父母的权威进行比较可能毫无逻辑可言，甚至有点冒犯。但不管怎样，家庭的权威问题没有得到正确解决，就会阻碍正常的家庭生活并对所有家庭成员产生消极影响，难道我们不应该问问自己是否把事情变得太复杂了？是否因为我们对于家里谁拥有权威、为什么要拥有权威、在什么程度上拥有权威这些问题不太关心，所以我们就很茫然无措？难道还不是时候告诉我们自己权威问题也许比它看起来要简单得多吗？所以，在我们开始解决如何重获权威及为什么要重获权威这个问题时，我们首先必须要意识到，作为父母，是被自然地赋予权威的，我们不需要任何人的同意或批准，包括我们自己的孩子。我们自己也要这样认为。

一旦我们意识到家里是由孩子做决定，我们害怕孩子，以及不知道如何获得权威这个想法在本质上都很荒谬时，那一切就会变得更清楚、更容易，我们可能也会更容易做一些决定。

在孩子面前树立权威有困难的父母大致可以分为两类。

1. **一类父母认为他们没有任何问题，并觉得权威问题不重要**。他们对自己家里的“小霸王”很满意。他们对于自己缺少权威的解释如下：权威对他们不重要（“我跟孩子是朋友关系，我们是平等的”），他们不想把自己的权威强加给孩子（“我不想让我的孩子沮丧”），或是孩子的特殊性格（“他的性格如此，他知道自己想要的是什么，而且如果得不到，他是不会罢休的”）。
2. **另一类父母对自己缺乏权威感到不满，并想要做出改变**。他们时常能意识到权威问题不仅困扰他们自己，也困扰他们的孩子。他们也经常尝试着采用一些方法（如大喊大叫、吓唬、谈话、劝说、责罚等）来重获权威，但这些方法不仅没什么效果，而且无法解决权威问题，还减弱了孩子对父母的信任。除此之外，由于这些问题的存在，父母之间的矛盾也不断出现。这种父母就会错误地以为只有他们认为这样的状况很困难，而孩子却很满意且他得到了他想要的东西。

属于第一类的父母认为不管是他们自己还是孩子的行为都没有任何问题。

五岁的马修不想让他的保姆再照顾他了，而他的父母不经过任何考虑就支持他的决定，他们认为他们的孩子可以做这样的决定，也就是说，孩子有能力做这样的决定。

十三岁的萨拉自己决定晚上外出回家的时间。她经常大半夜才回家，有时她的父母都不知道她晚上去哪儿了，但他们从不觉得这有什么问题，因为他们认为萨拉可以自己决定这些事情。

给像马修的父母或萨拉的父母这类人解释他们的做法是不好的以及不好的原因纯粹是浪费时间，因为他们对自己和孩子都很满意。一句话，他们不觉得自己需要改变。对于这种父母，你会很容易发现他们热衷于维护自己的“教育”方法，并做出各种复杂的解释，但却连最简单的常识都没有。当孩子在社交或情感的发展过程中出现问题时，这类父母要么否认问题的存在，对问题视而不见，要么就是把责任推卸给他人（如朋友、幼儿园老师、学校、经济危机、专家、道德危机、祖父母等），却从不反思自己到底有没有责任。

第一类父母经常被孩子与父母是平等的这种想法误导。当然，所谓的平等只是在相同的权利、互相尊重、友情等掩盖下的一个误区。你五岁的孩子每天早上自己开车去上班，去商店或是付账单吗？只有当他开始并有能力做这些事情的时候，只有当他不管是身体方面，还是情感和社交方面都已达到成熟，而且实现经济独立时，他才有资格雇佣别人。只有当他雇佣了某人，他才有资格决定这个人能否继续为他工作下去。毫无疑问，马修的父母应该仔细考虑马修对照顾他的人不满意这个状况，并认真分析各种可能的原因（比如马修和保姆之间的价值观及习惯的差异，马修难过是因为保姆要工作而没时间陪他，孩子的性格，保姆个人的品格和性情等类似状况），然后再做决定。与之相反，父母和孩子之间虚假的平等关系（这种关系使得五岁的孩子做出不适宜的决定）不是真正的平等，也不是对孩子权利的尊重。

因此，父母没有权威是因为他们有意识或无意识地放弃了自己的权威。

对家里权利分配不满的父母在意识到权威是被自然地赋予给他们的，以及他们还有获得权威的有效方法时，他们一定会大松一口气的。

管教风格

乔伊（九岁）和尼克（十二岁）正在为看哪个电视节目而争吵，而且争吵越来越激烈，声音也越来越大。下面让我们看看不同类型的父母对于以上状况的不同反应（家里有两个以上孩子的父母对这种状况应该是再熟悉不过了）。

1号父母：“别吵了，这么大的人了都不知道丢人。都滚回自己的房间去！”

2号父母：“孩子们，你们有两个选择。要么现在立刻停止争吵，商量好要看哪个节目，然后继续去看电视；要么把电视关了，今天谁也不准看电视了。”

3号父母：“谁最先开始吵的？乔伊，不记得我跟你说过的话了？尼克，你是哥哥，还跟弟弟吵架像话吗？你们说说每天晚上为了同样的事吵架有意义吗……停，我们就不能好好商量吗？我必须得好好管管你们了……兄弟吵架是不好的……”

4号父母：没有任何反应，除非遥控器正好砸到他们头上。

根据父母的处理方法可以归结为两类：一类是情感的亲近和温暖，另一类是清晰明确的规定限制。我们归纳总结了以下四种基本的管教风格。

独裁（命令）式管教风格（1号父母）的特点：对孩子设有清晰明确的规定和限制，同时与孩子保持一定的情感距离。这类父母会给孩子设立明确的规定并期望孩子严格遵守它们。他们常说："因为我这样说的！"他们对孩子的要求通常很高，并期望孩子取得很高的成就。这类父母认为跟孩子亲密，用拥抱、亲吻、语言向孩子表达爱会把孩子惯坏，他们是决不会做这些事的，即使他们也很爱自己的孩子。

权威式管教风格（2号父母）的特点：对孩子设有清晰明确的规定和限制，同时与孩子保持情感的亲密。这类父母跟孩子关系密切；乐意满足孩子的需求、回答孩子的问题。他们的管教方法主要是为了关注孩子并给予孩子帮助。他们很和善，很乐意花时间跟孩子一起玩耍，但同时他们也会给孩子设立明确的规定和界限。对于他们来说，孩子能够获得自信并学会做出选择是很重要的。

仁慈式管教风格（3号父母）的特点：对孩子没有设定规定和限制，跟孩子关系密切。这类父母主要关注孩子的情感需求，他们能忍受孩子一些不成熟或不可接受的行为，或许是他

们不认为那些行为是不可接受的，或许是他们太仁慈了。他们能跟孩子建立友好亲密的关系，对孩子没有太高的期望，而且避免与孩子发生冲突。即使他们开始管教孩子，也不会持续管教下去的。

躲避式管教风格（4号父母）的特点：对孩子没有设定规定和限制，跟孩子感情疏远。这种类型的父母对孩子的需求置之不理，同时也不对孩子有过多的要求。尽管他们会满足孩子最基本的需求，比如给孩子提供温饱，但除此之外的其他任何事他们都漠不关心。这类父母不需要跟孩子保持亲密关系，不需要跟孩子交流，对孩子也没有太多的要求。

因此，我们能很容易看出父母的类型对孩子性格的形成有着极其重要的影响。

独裁（命令）式管教风格：孩子比较听话能干，但缺乏自信心，社交能力弱。这类孩子通常不会很开心。

权威式管教风格：孩子比较乐观、开心、自信和成功，同时有责任心，社交能力强。

仁慈式管教风格：孩子缺乏自信心和安全感，而且学习成绩不佳。这类孩子也很难接受权威。

躲避式管教风格：孩子缺乏自尊，自控能力差，跟同龄人无法相处，学习成绩不佳。

我们为什么选择这种管教风格而不是另外一种，原因很多，其中有一些是我们意识不到的。这里就要提到家庭的影响，我们都知道的一些事，比如周围环境或伴侣的影响，我们自己性格的影响，孩子性情的影响，以及我们对自己和孩子的期望的影响等。有时我们会发现我们的管教风格包含了两种或三种不同的风格，而我们中的一些人只是某一种风格的典型代表……我们没有必要对自己的每一个行为进行细致的分析，从而给自己增加一些不必要的负担。有时我们会说："因为我这样说的！"，但这并不代表我们就是独裁式父母。如果一个初学走路的孩子重复问我们同样一个问题，而他早就知道问题的答案，而且每次我们回答他的问题时，他都会和我们发生争执，这时我们的反应就会不一样了。不管怎样，认识这些主要的管教风格是很重要的，因为这是我们努力寻到更好、更有效解决问题方法的第一步，也是最重要的一步。更令人欣慰的是，在我们认为有必要时，我们可以根据自己及孩子的需求对我们所采用的每一种风格做出调整和改变。

权威还是独裁（命令）

权威还是独裁（命令）？我们已经到了讨论语义区别这一步了吗？为什么这个很重要呢？这两个术语及这两种管教风格之间的差别是极其重要的。我们在之前的章节有简要提到过。接下来我们要更详细地分析独裁（命令）式管教风格和权威式管教风格的差别，因为我们有时会误以为它们是一样的。

正是由于对权威式和独裁（命令）式管教风格之间的差别缺乏认识，外加其他一些因素，才导致在家教森严的家庭中长大的父母走向了另一个极端，完全抛弃了独裁（命令）式的管教风格。他们想要跟孩子做朋友，想要孩子跟他们享有同等的权利，因此一段时间之后，他们发现自己陷入了另外一种不同的困境。他们不明白自己做错了什么，也不知道自己应该做些什么。

权威式管教风格和独裁（命令）式管教风格都采用积极、自信的方法，都关注孩子的行为表现，都对孩子有明确的规定和限制，并期望孩子能遵守这些规定和限制。这两种类型的父母都代表孩子心目中的权威人士。

很明显，权威式管教风格和独裁（命令）式管教风格之间的差别也很多。不同的管教风格会导致完全不同的结果。

独裁（命令）型父母不会向孩子解释规矩、要求，却期望孩子能遵守规矩。我们经常能从独裁（命令）型父母口中听到这样的话："因为我这样说的"，而权威型父母则很少说这样的话。权威型父母会确保孩子能明白他必须要遵守的规矩，因此他们很乐意向孩子做详细的解释和说明。

独裁（命令）型父母不会让孩子自己做选择。他们要求孩子按特定的方法有序地行事。而权威型父母，只要有可能，就会让孩子自己做选择，因此他们的孩子会倾向于自己做选择并自己承担选择的后果。

独裁（命令）型父母只强调顺从，而权威型父母则强调责任、选择——后果的认知过程和理解。

独裁（命令）型父母不接受问题和讨论，而权威型父母则能自我批评，重新考虑自己的决定，跟孩子商量讨论，寻求折中的方法。

独裁（命令）型父母不关注孩子的需求、成长的阶段及想法，而权威型父母则会关注这些。

独裁（命令）型父母把规矩放在第一位，而跟孩子保持亲密关系，进行情感交流对他们来说是不重要的。他们认为跟孩子保持亲密关系是不好的，因为他们把这个当成是弱点或一些没必要的事情。

独裁（命令）型父母在孩子辜负了他们的期望时倾向于采用消极的管教方法，这些方法包括体罚和一些冷暴力的惩罚方式（比如嘲笑、长期的忽视、拒绝给孩子关注和爱等）。而权威型父母相对会灵活一些，他们倾向于理解并包容孩子，因为孩子已经为他自己的行为负责了。除此之外，这类父母还倾向于采用积极的管教方法（比如暂停法、转移注意力法、订约法等）。

独裁（命令）型父母更易于对孩子发脾气，因为他们把孩子的不听话当成是一种反抗行为，是孩子故意针对他们的。而权威型父母则会把这些都当成是一个学习的过程，在这期间，孩子学会了判别什么行为得体，什么行为不得体。

独裁（命令）型父母不能容忍犯错。而权威型父母，尽管始终如一，却能容忍犯错。

独裁（命令）型父母将抚养教育孩子当成是一个严肃、责任重大的过程，不允许放松、娱乐、跟孩子玩耍；而权威型父母却能享受跟孩子在一起的乐趣，但他们也知道规矩和界限的重要性。

既然两种管教风格存在这么多差别，那么出现完全不同的结果也就不足为奇了。独裁（命令）型父母的孩子要么比较听话，但缺乏自信心、安全感，比较被动，能成功履行自己的责任，但不会处理人际关系；要么就极其叛逆，拒绝任何形式的权威，社交能力弱。他们的压力过大，更脆弱，面对挫折会不知所措。而权威型父母的孩子拥有很高的自信心，他们值得信赖，热情善良，稳重可靠，能跟同龄人很好地相处，处理人际关系

的能力较强。他们在学校的表现也很优秀，他们能很好地处理紧张状况，积极应对各种挫折，寻求有效的解决办法。简言之：这样的孩子稳重可靠，令人满意。

讨论了独裁（命令）式管教方法与权威式管教方法之间显著的差别之后，我们就能很清楚地知道为什么我们在放弃了独裁（命令）式管教方法后，选择一种涉及妥协或是躲避的管教方法还是不好的，它同样会给我们带来一系列问题。

然而，值得欣慰的是，我们一旦意识到自己的错误，就有做出改变的时间和余地。孩子学习和适应能力是很强的，因此没必要对此担心。假如我们的孩子现在十岁，那要他做出积极的改变还得再过十年。相反，父母行为的改变通常会让孩子的行为也迅速发生变化。对孩子的管教是一个动态的过程，这期间父母最应该做的就是随时愿意做出改变并乐意接受改变。有句话说的好：迟做总比不做的好。跟孩子建立良好关系所需的时间比我们想象得要少。当然，这种良好的关系对我们双方都是有益的。

立规矩

想象一下你的工作时间不仅灵活，还能自由调整。你今天八点到办公室，第二天六点到办公室，第三天可能十点才到办公室……你有时工作四个小时，有时工作八个小时，有时工作十二个小时，而你的老板有时可能不会计较你的这些行为，但有时却会通过扣工资来惩罚你，他甚至可能会开除你。这样你会有何感受？你肯定会觉得特别没有安全感，特别困惑。你一定很希望公司有明确的工作时间、准确的工作分工，你能知道自己应该对谁负责，自己什么时候有权休年假。毕竟，所有的商业都是这样运作的，他们的员工一方面觉得放心，另一方面又觉得很自由。设立明确的规定和界限不仅是成功商业的标准，也是幸福家庭的标准。

立规矩与教育孩子的一个重要的目标相关，即教会孩子什么行为是得体的，什么行为是不得体的，以及每种行为会产生怎样的后果。你不能在孩子两岁前就开始教他这些东西，因为这个年龄段的孩子在一定程度上想要躲开父母，去自己发现一些新奇有趣的事情。在这个年龄，孩子知道他们可以自己选择去哪儿或是做些什么：他们开始学会走路，开始意识到自己可以在没有父母的帮助下独立地做很多事情。他们被这些事情深深吸引，并急于想要在他人面前显示自己，比如，他们跑、走或是爬，学会了说“不”，关注周围环境，充满好奇心和求知欲。一方面，父母不仅要知道孩子有了解自己、认识周围世界的需求是很正常的事，允许他们在这方面有所发展，另一方面，一旦父母发现孩子有不适当的行为，还要对其行为有所规定和限制。

为什么要限制孩子一些不适当的行为呢？原因有很多。首先，有些原因是与孩子的**安全**有关的。比如，你不会让孩子去玩电插座或爬到电冰箱上，也不会让他跑到火炉旁边或独自一个人跑到街上，更不会允许他在外面玩到凌晨四点才回家。其次，有些原因是跟孩子的**人际关系**有关的。你肯定不会允许你的孩子打其他孩子，打你或是打其他任何人（当然，你自己也不能这样做），你也不会允许你的孩子诋毁、羞辱或是欺负他人…… 另外，有些原因是与**培养孩子的自控能力**有关的。你会指出一些消极情绪（生气、愤怒、憎恨、嫉妒）的表达方式，比如摔家具、砸门、捶墙，你要帮助孩子找一些合适

的、可接受的方式来表达情绪。立规矩的原因还与孩子具体的行为活动及职责有关，比如**家庭的需求**（在适当的年龄可以做适当的家务）及**家庭以外的责任**（比如学校责任）。

什么行为是适当的，什么行为是不适当的并没有完全固定统一的标准。究竟什么样的行为适当，什么样的行为不适当，这不是最重要的，重要的是由“谁”来规定和评判。如果父母由于缺乏安全感，或是出于自己的信仰或其他什么，而让孩子自己来决定什么样的行为是适当的，那么就会出现很多问题。孩子会受自己一时的需求和年龄的驱使，因此，规矩就不会被设定，或者这些规矩只是一时的，是不固定的，因为它们是孩子为了满足自己某个特定时刻的需求而设定的。如果规矩不是由父母而是由孩子来设定，那么最开始不会有很多问题或是基本没问题。比如孩子对朋友表现得很霸道时，父母这样评价他的孩子：“他就是比较活跃。他天生个性比较要强……白羊座的人天生适合当领导。他知道自己想要的是什么。”如果父母对孩子这些不得体的行为视而不见，不重新审视自己对孩子的态度是否正确，对朋友、幼儿园或学校老师对他孩子的意见置之不理，那么问题很快就会出现。因此，假如父母什么都不管，放任孩子这么发展下去，孩子很有可能会成为一个不良少年，他可能会翘课、顶撞老师、霸道冲动、抑郁、脾气暴躁、自制力差、人际关系混乱（不管是跟同龄人还是学校老师，都没法好好相处），或从不做家务、忽视周围人的需要、晚上想什么时候回家就什么时候回家。到那个时候，父母可能就会很无奈以至于彻底放弃自己的权威：“我也无能为力啊！”

显然，放弃和退缩通常是最糟糕的解决办法。慢慢地找准时机给孩子立规矩要比把问题丢到一边不管并期待问题能自行解决要好得多。

通过立规矩我们能给孩子以安全感和自由，因此立规矩是很有必要的，即使设立的有点晚也没关系。有句话说得好：“迟做总比不做好”。

尼古拉斯（十七岁）的父母对他要求特别严格，对他的父母来说，设立规矩和界限是很必要的，而他的顺从也是很重要的。他们要求尼古拉斯晚上最迟必须十点到家。任何晚归的理由在他们那里都没用。

尽管他所有的朋友都可以在外面待到十点以后，但父母依旧不允许他那样做。他们告诉他如果他回来晚了就不准进家门。有一次他就晚回了十五分钟，他的父母果真就没让他进家门，所以他就在地下室睡了一晚上。

在上述的例子中，关于设立规矩和界限尽管有一些是比较好的（比如清楚和一致），但很显然尼古拉斯的父母完全没有抓住重点。在设立规矩和界限时，我们有必要知道规矩和界限除了要一致、固定外，也要适宜可行。如果规矩和界限设立得不恰当，它们就不能被施行。不恰当、不合理、僵硬的规矩和界限本身就是错误的。给孩子设立僵硬严格的规矩和界限的父母，通常害怕跟孩子保持亲密的关系。此外，在设立规矩和界限时，他们会受原先自己家庭经历的影响。如果父母在设立规矩和界限时，完全忽视孩子的需求，那这些规矩和界限就是不合理的，它们会让孩子对自己缺乏自信心。如果父母和孩子之间的亲密关系与相互信任因这些规矩和界限而出现问题，那么这些规矩和界限明显弊大于利。设立这样的规矩就跟没有规矩或是规矩不固定的效果是一样的。

非言语信息和权威

讲话的时候无精打采、耸肩、声音很小、犹犹豫豫、结结巴巴，或不断重复刚才所说的话，眼睛看地下或看旁边，手不停地在动（搓手或摸脸），嘴唇紧咬，提高音量，说一些威胁吓唬的话，对听话的人做出各种手势……

他人对我们看法的形成主要不是通过我们所说的

话，而是我们说话和行事的方式。行为研究者的研究结果表明，在与他人交流的过程中，我们接收到的信息大部分是通过非言语行为传递的。我们可以只通过观察父母，而不关注他对孩子说了些什么，就能判断出这个父母在家里是否有权威。非言语信号包括各种情绪表达、身体姿势、身体或身体部位的移动、我们做什么（或不做什么）、说话的声调语气、称呼他人的方式、面部表情、眼神交流等。

尽管非言语信息可以在任何情况下被传递，但这里我们只关注那些需要父母发挥权威的场景，也就是父母管教孩子（或告诉孩子应该怎么做）的场景。

因此，**没有权威的父母**可能就会有以下的行为表现。

言语交流：声音太小，犹犹豫豫、断断续续（“快点……啦……快点……我们……我是说……我们之前不是已经说好了吗？”）；或扯着嗓子大喊（“喂，我在跟你说话呢！”）；或沉默不语（期望孩子能自己知道应该怎么做）；或 里 嗦、絮絮叨叨（“我们不是已经说好不能再这样啰吗啰我觉得一遍又一遍地重复这些话没有什么意义。我昨天已经告诉过你要注意……要不就会……我现在要把自行车没收，然后再看你的表现……”）；或含糊不清、模棱两可（“哇，表现不错哦。而其实我们认为这个行为有些不合适”）；或话中带刺（“真没出息”）；或威胁吓唬（“等你爸下班回来看他怎么收拾你！”“小心我揍你！”）。

眼神交流：避免眼神交流，跟人讲话的时候眼神飘忽不定，要么低头看地，要么抬头看天，要么在孩子面前眼神显得不坚定。

姿势：无精打采地垂着肩膀，耷拉着脑袋，或有

一些重复性的小动作（颤脚、抱臂、不停搓手、摸鼻子等），姿势僵硬，拳头紧握，牙关紧咬。

情绪状态：不安、恐惧、退缩、屈从、生气、愤怒、冲动、缺乏自信。

与没有权威的父母所传递的非言语信息不同，接下来让我们看看**拥有权威的父母所传递的非言语信息。**

言语：拥有权威的父母跟孩子讲话简洁明了："我要你现在马上把电脑关掉"，他不用扯着嗓子大喊，但也不会太低声细语。他从不做过多的解释（当然也会解释，但是在管教孩子之前或者之后，而不是在管教孩子的过程中）。简洁明了的言语能清楚地表明父母希望孩子做什么（"确保你外出的时候手机一定要开机"），不希望孩子做什么（"不许再取笑艾利克斯了"）。只要有必要，父母就应清楚地告诉孩子这样做会有什么后果（“如果你把滑冰鞋扔在门口，那接下来一周就不许你再穿它们了”）。为了让孩子了解父母到底期望他做什么，他都有什么选择，父母应该大声并清楚地告诉孩子这些。

眼神交流：跟孩子讲话时会进行眼神交流，但不会让孩子感到有压力。如果有必要，父母会告诉孩子：“看着我”。假如孩子比较小，父母会弯下腰以便让孩子能看着他的眼睛；跟孩子进行身体接触时，不要强迫孩子或是让孩子感到有压力。

姿势：身体挺直，肩膀放松，面对着孩子，不逼迫孩子，没有多余的重复性小动作，也没有僵硬的姿势，更不会紧握拳头或紧咬牙关。

情绪状态：冷静、自信、有把握、坚决。

了解非言语信号的重要性及它所传达的信息能在很大程度上帮助父母提高他们管教孩子的能力。如果在某种状况下，你感到不安、忧虑和恐惧，那别人肯定会对你产生这样的印象。因此，了解非言语信息的第一步就是：父母要知道在跟孩子交流时自己应该做些什么、应该要怎么做，同时还要注意自己说话的方式、语调、姿势、手势以及情绪状态等。接下来就是在有必要时做出改变。

在和小孩子接触时，非言语交流是尤为重要的，因为小孩子通常不能完全理解我们所说的话，但他们却能很好地理解一些非言语信息。一个年仅两岁的孩子可能会更多地注意你的态度、语调和姿势，而不是你所说的话。所以，在正确获得权威的过程中，首先要做的一件事就是重新估量非言语交流的重要性。没有权威的父母会感到不安和困惑，而这种不安会通过他说话的语调、姿势和面部表情表现出来。在特定的情况下，父母首先要确保自己能够传达正确的非言语信息，然后再去关注交流中的其他方面以及孩子所做的事。我们应该始终牢记：虽然我们无法控制孩子的行为，但我们可以控制自己的行为。

父母的感受

> 丹尼（五岁）又开始像往常一样闹脾气，尽管已经过了睡觉时间，他还是不想去洗漱，不想去睡觉。他的父母刚开始还想好言哄着他去洗漱，但他都不听，于是他爸爸就生气了，对着他大喊大叫并连拖带拽地把他拉进浴室去。这个晚上就以很不愉快的气氛收场。对接下来会发生的场景感到不安和忧虑的父母，通常会难过、愤怒、精疲力竭和失望。

当父母发现自己家庭权利现有的分配与家庭权利本应该的分配不一致时，他们会有何感受呢？当他们知道自己在家里没有权威时，他们会有何感受呢？没有任何一个词能准确地描述父母的这种感受。这是因为权威与人个性中理智的部分无关（不管是父母的个性还是孩子的个性），而是与情感、精力、非言语信息有关。因此，诸如困惑、不安、气馁、生气、无奈、愤怒、绝望、焦虑这些词都能用来很好地表达那些在家里几乎没有权威的父母的感受。

在家庭很难树立权威的父母通常比较慈爱，比较感性，他们会给予孩子全心全意的爱和支持，并会时常反思自己的行为。这些品质使他们成为很棒的父母。然而，让事情变得复杂困难的原因是他们缺乏自信和权威。感性和过度的质疑导致他们的不安，而这又同时证明了他们在孩子面前没有能力确立自己的权威。

有很多问题困扰着无法确立自己权威的父母："如果我要求孩子听话（比如给我一点独处的时间；在我讲电话时不要胡闹；在我睡觉时保持安静；自己收拾玩具、自己铺床；或是自己整理房间、自己做作业……），那我的孩子就不会爱我了（我不想把我的想法强加给他；我不想剥夺他的童年；他应该无忧无虑

的；他可以以后再努力学习；我想要宠他；他会觉得我不爱他；他是不会做这些事的；我会做得更好；成绩不是最重要的；我应该永远支持他；我应该善解人意；凡事都可以商量着解决……）"

显而易见，上面所说的这些问题以及类似的问题会导致父母在处理日常生活中所发生的状况时优柔寡断、犹豫不决。当父母对自己立规矩和树立权威的职责感到

困惑时，孩子是不会这样的。孩子会依据自己当时的需求来为自己设立或打破规矩。

不坚定、感性的父母更易于高估孩子理性的能力，所以他们对孩子的期望通常是不合适的：他们认为孩子不能理解父母对他们的要求，他们认为孩子会故意不听话。在经过长时间的努力之后，仍无法在孩子面前确立权威的父母会很沮丧，会很精疲力竭，会变得易怒，甚至会有一些失常的行为：比如对孩子大喊大叫，或动手打孩子。这之后他们感觉更糟糕，然后就会一直恶性循环下去……

在确立权威的过程中我们会提到愤怒以及愤怒的消极影响。对一些父母来说，面对孩子生气时的不安和焦虑使得问题变得更严重。当父母要求孩子改变自己的行为时，他就应该知道孩子是不会高兴的，也不会乐意乖乖地听从你的要求。总之，在父母想要确立权威，对孩子有所要求时，他们就必须要做好孩子会讨厌他们甚至会发怒的准备。在你禁止孩子外出时，你不可能期望他会对你说："妈妈，我知道错了。你不让我出去是对的。"如果是这样的话，那我们最开始就没必要解决权威问题了。正因为不是这样，父母才必须要应对孩子的愤怒。

如果父母比较自信和坚定，孩子的愤怒是不会威胁到他们的。在孩子表达愤怒的方式有点过分时，父母

会去纠正孩子，但愤怒情绪本身不会对他们产生什么影响。如果父母由于希望一直被孩子喜爱和接受而表现得不坚定，那么在孩子表现出不满和愤怒时，父母自己就会很生气（“看我怎么收拾你……我已经受够了”），这样做反而让事情变得更糟；或是为了让孩子开心，父母只好做出让步，放弃给孩子立规矩。这样的话，父母就会让孩子产生错误的认识：(1)愤怒是一种不可接受的情绪；(2)规矩也不是始终如一的。父母正确、冷静、始终如一的态度有助于他们教会孩子遵守规矩，并勇敢面对时不时会出现的挫折（而不会表现得好像世界末日要来了）。在这一过程中，孩子能够获得很好的社会生存技能，从而更好地去适应不同的社会环境（幼儿园、学校、互作地、跟朋友及工作伙伴的关系等）。

通常，害怕孩子的愤怒情绪及愤怒表达的父母本身对自己的愤怒和愤怒的表达就有问题，因此，在解决孩子的愤怒情绪之前，父母最好能重新思考一下自己的愤怒情绪。对待愤怒的方式反映了在家里所学到的东西，所以要知道表达愤怒对我们来说有什么用，可能是为了拒绝，或只是一时冲动，或只是被宠坏了，或是为了批评等。只有通过面对这些问题并重新思考它们，才能以更理智的方式表达愤怒，同时也能接受孩子的愤怒。

想象一下你年仅两岁的孩子手里正拿着一瓶盐酸……你肯定会毫不犹豫地将盐酸瓶立刻从他手中拿走。或者想象一下你的孩子在街上乱跑，这时你肯定会立刻阻止他……很简单，你知道那样做很危险，所以你会立即有所行动。你不会对着孩子大喊大叫，而你的孩子也不会告诉你说“你是世界上最坏的妈妈”。在一些不是很紧急的情况下，父母也应该表现出同样的坚决和肯定。在这些情况下，孩子的行为可能会有些不适宜：比如孩子在背后说你坏话，对你或其他人无礼，无故发脾气，对他人指手画脚，不遵守约定……这时你需要立即有所行动，让孩子清楚地知道你希望他怎么做，千万不要犹豫和拖延。害怕失去孩子的爱是父母在确立权威过程中的一大阻碍。我们需要对孩子做出一些要求，尽管这些要求不合孩子的心意。同时我们还要做好孩子可

能会指责、生气、拒绝和否认这些要求的准备。这些状况可能会让一些父母感到心力交瘁，从而对孩子做出让步和妥协。然而，不被自己孩子理解的感觉肯定特别难受，尽管在这个世界上你比任何人都爱他。如果考虑到孩子的年龄、他的不成熟以及他不理解你这么做是为了他好等因素，这种难受的感觉可能会好点。

下面是一个明智的父亲对他的孩子说的话："你现在不认同我没关系，以后你会认同我的……或等你到四十岁的时候，你就知道我这么做是为了你好。"

孩子的感受

以利亚（五岁）是个完全被宠坏了的孩子。只要他得不到自己想要的东西，就会躺在地上大哭不止。他对食物特别地挑剔，东西一不好吃，他就开始哼哼唧唧。他必须要跟妈妈一起睡才会去睡觉，为此他的爸爸只好搬到他的房间去睡。如果父母想要试图管教他，他的反应就会很激烈。他的父母特别害怕他的这些行为，所以他们都不敢经常去拜访朋友了。除此之外，他们跟孩子之间的争吵也越来越频繁。他们认为以利亚是故意想要操控他们，他是被他们宠坏了，宠得无法无天了。

尽管在父母（甚至是旁观者）看来，以利亚可能就是家里的“小霸王”，他清楚地知道自己想要的是什么，而且意志坚定，但事实是完全相反的。没有约束和限制的孩子其实跟父母一样感到困惑和不高兴。我们会尽力详细说明这种明显的逻辑冲突：这对于了解孩子情感的发展是至关重要的。

孩子从两岁开始，就试着想要征服周围的世界，想要探索新奇的东西，想要检验自己的能力……意志坚定的父母会全力支持孩子去探索未知的世界，并做一些有益于孩子健康发展的事情。但是，为了让孩子在探索世界时不仅感到自由，而且感到安全，我们就需要给他约束和限制。只有当约束是安全的时候，探索世界的过程才会是自由的。

想象一下你坐在一张椅子上，四周一片陌生和漆黑。在你慢慢从椅子上站起来后，你就会想要弄清你周围的世界到底是什么样的。黑暗中的摸索过程是不安和慌张的来源，因为你对周围的环境完全陌生，你不知道往前走会不会撞到墙，你不知道这里的墙是在半米之外还是在三十米之外。只有当你触摸到墙的时候，这种不安和慌张才会消失，因为你能准确地知道墙在哪里，知道你周围的空间大概有多大。如果这面墙很坚固、很牢靠，可能比它随时会倒塌要好得多，因为如果它随时可能会倒塌，你就又会开始担忧墙后面有什么。

孩子对未知世界的探索与此类似：当你给他设立清晰、明确、一致的界限时，他就能很放松地去探索世界，并在界限之内尽情享受探索的乐趣。这样，他能感到安全和镇静，因为你已经表明你可以保护他。在你睡觉之前，你会检查门是否被锁好，你甚至可能还会再拧两遍钥匙以确保门被锁上了，这种感觉就类似于我们所说的安全感。这样做了之后，你就会觉得安全放松，然后你就可以安心地在家里听音乐，穿着睡衣来回走动，或是去睡觉。如果你家里的门和锁都坏了，墙也不结实牢靠了，窗户还关不上了，你还能感觉到安全和放松吗？当然不能。因此，给孩子设立明晰界限的父母会让孩子有安全感。

这听起来挺好的，但如果孩子跨越了父母给他设立的界限，那又会发生什么呢？当你给孩子立规矩时（“冰淇淋太凉了，你不能吃”“现在赶紧去整理你自己的房间！”“你如果再打妹妹，我就不客气了！”“这是你这周成绩第二次得F，所以你一周不能出去玩了”），你不能期望孩子会对你表示感激和理解。在这种情况下，父母要面对的是孩子的不满和愤怒。正是由于孩子的愤怒使得一些意志不坚定的父母不敢给孩子立规矩，只要孩子一开始闹脾气、反抗、哀求或哭哭啼啼，父母就准备向孩子妥协并放弃给孩子立规矩：“好了，巧克力可以拿着。不过得吃完午饭后才能吃巧克力”“这可是我最后一次给你买玩具了……”

除了孩子的愤怒，究竟是什么让父母屈服的呢？孩子的愤怒对父母来说意味着很多东西：失去孩子的爱；害怕孩子会受挫；忧虑，孩子可能会觉得自己不被父母关爱；不安，自己是否清楚孩子的需求；对孩子的不知感恩表示不满等。不管怎样，除了这些复杂的原因之外，最直接也最接近事实的原因是：孩子生气是因为他受到阻碍和反对。仅此而已。你不能期望在你禁止你的孩子出去玩或是玩电脑游戏时，他会对你说："谢谢妈妈。我知道你这样做是为了我好"（如果你听到孩子这样说了，那你就应该确定自己的管教方法肯定有问题。因为上述情况只能发生在理论层面，现实生活中是不可能发生的）。

在立规矩时，父母不应该把孩子的愤怒当成一种威胁。只要孩子表达愤怒的方式与他的年龄相对符合，那他完全可以生气或愤怒。让孩子发泄愤怒，然后你再慢慢跟他交流沟通，给他一些建议，这会让孩子在以后的生活中处事行为更得体。对孩子来说，让他知道界限的存在（即他可以摸到墙在哪儿）很重要，同样重要的是你得让他知道他也可以踢或砸墙，也就是他有生气的权利。当孩子在半保护的状态下认识到父母不会受他们愤怒情绪的影响，而且他们也知道表达愤怒不一定非得采用非常激烈的方式，也可以采用一种正确合理的方式——这些都会为他们的将来奠定良好的心理基础。

假如父母不能理智地处理孩子的愤怒，而且把孩子的愤怒小题大做，可能就会让孩子在成长的过程中产生负罪感，而且会让孩子觉得愤怒（不管是自己的或是他人的愤怒）是一种不可接受的情绪。这会对一个人的综合发展及在社会生活中的行为处事能力产生长远的影响。父母如果能以正确的方式应对孩子的愤怒，孩子也就能慢慢学会正确地对待挫折和沮丧，因为他知道自己的情绪不具有破坏性，因此不必一味地控制和压抑自己的情绪。

除此之外，孩子能从有权威的父母，或者说是能给孩子设立明确规定、能正确应对孩子的愤怒的父母那里

学到的最重要的东西就是：生活中偶尔出现挫折和限制是再正常不过的事，而这些问题的出现不代表世界末日的来临；孩子应该做的就是学会去适应它们。对于父母从不给他们设立任何规矩和限制的孩子来说，在幼儿园或学校这种针对所有人设立规矩和限制的大环境中，他们会感到不安和困惑。孩子会很难接受他的需求变得不再重要而且不再被重视这个事实。如果幼儿园的老师不理会他们的需求和傲慢无礼，那些在家里是"小霸王"的孩子就可能会觉得很不安。幼儿园的老师是不会像父母那样迁就他，给他提供不同的选择："你想吃什么呢？不想吃豌豆吗？那我给你炸点薯条，行吗？"或者"我们现在可以关掉电视了吗？你已经连着看了三个小时的动画片了。"

因此，在孩子成长的过程中，他迟早都要去面对约束和限制。如果他能在家里就习惯这些约束和限制，那么当他进入社会以后，就不会把那些当成是一种威胁了。

多听话才算是听话

安静乖巧的孩子和美貌如花的祖母能同时出现吗？

——塞尔维亚

我们不会去讨论祖母的美貌，但是一个特别听话的孩子一定是有什么事在困扰着他，或者正如沃金·马蒂克曾经说过："当我听到有些父母说他们的孩子特别安静、乖巧、听话，从来不惹麻烦时，我就会问自己那个孩子到底怎么了。"

你可能会以为父母的目标就是在孩子面前显示权威，从而让孩子听话顺从。假如你不是很擅长命令他人，那么跟一个总是乖巧听话的孩子生活在一起就犹如生活在天堂里。但现实是天堂是不存在的，如果不算那些烂俗电影或商业广告中出现的干净善良、乖巧听话的完美孩子。在现实生活中，总是很听话的孩子特别少见（如果你的孩子是这样，那你就太幸运了），而且孩子太明显的顺从听话通常是问题出现的先兆。你肯定会想难道正常的不就是父母该拥有权威，孩子应该听话吗？这里我要提醒一下：所有的事情都不是绝对的（而且从来都不是绝对的）。不管是把孩子管教得太松或压根就不管教，还是把孩子管教得太严都是不好的。总会顺从听话的孩子通常会觉得不安，他们做任何事都要经过爸妈的同意，而且要让爸妈开心。这样的孩子一旦碰到要自己做选择的时候，就会显得很犹豫不决、很被动：不管他选择的是同事，还是伴侣，或是职业……而且这种犹豫不决在他做更小的选择时也会非常明显。假如你问一个人他想要喝什么咖啡，他回答到："你让我喝什么我就喝什么"——那这个人肯定喜欢喝好点的咖啡——而你很有可能正在跟一个害怕选择的人打交道。这类人很害怕犯大错或不可饶恕的错误，因此只有当一个有权威的人（比如他的父母、老板、同伴等）同意或批准他这样做，他才会觉得放心。

如果你记得我们说过在规矩和界限内孩子会感到安全和安心，那你肯定记得在规矩和界限内孩子也能感到自由。在不同的年龄段，孩子都会有检测

自己及自己潜能的需求，这是孩子情感健康发展的一个重要前提条件。就像父母偶尔需要显示自己的权威，但同时父母也要允许孩子自我发展，允许他们偶尔犯个错或好奇一下，简言之，就是允许他们淘气一点。父母应该要知道，他们不可能让孩子不犯任何错，不经历任何失败，最重要的是他们也不应该那样做。在孩子成长的过程中，犯错是难免的，而且在他们整个人生中，也会不断犯错的。这也是孩子学会如何做正确选择的最好方式。很显然，应该由父母决定什么时候不允许孩子有任何的错误，什么时候他们应该立即给孩子设立规矩和界限，什么时候他们要尽全力保护孩子，什么时候（尽管父母清楚事情会怎样发展下去）允许孩子犯错误并让孩子自己去承担后果。

特别顺从听话的孩子生活不会有太多的乐趣，也不会很受欢迎，因为他们害怕尝试新事物。从自己的错误中不断学习而获得的自信和胆量能使孩子成为一个全面发展的人。出于这个原因，如果孩子偶尔有些反常行为，父母就不要太小题大做、大惊小怪了。孩子在检验这个世界，同时也是在检验父母，检验他们自己。在那样的时刻，孩子肯定特别开心。因此，顺从听话和偶尔叛逆之间的平衡对父母与孩子双方来说是一个双赢的组合。如果事情真能按那样的方式发展，那么除了相对稳定的权利分配和家庭和睦外，父母和孩子双方还可以偶尔犯个错，或是进行自由密切地沟通交流。在这样一种相互信任和关怀的氛围中，孩子不仅可以偶尔犯个错或搞砸事情，而且还能感到有父母在身边的安全和放心。

我们想要看到的行为表现与不想要看到的行为表现

幸运的是，权威问题不是一件我们一直或是经常要处理的事情。不管是在哪个家庭里，假如父母能正确运用自己的权威，那么他们的权威就不会时常受到挑战，因为在这样的家庭里权威基本上是固定不变的，而且事情大多都能顺利解决。那些不能很好运用自己权威的父母——看上去他们好像没有什么问题被困扰——事实上会不断遇到很多问题。需要父母利用权威的场景发生的频率或次数不同，其原因也是可以理解的：如权威问题悬而未决，家里的权利一会儿掌握在孩子的手里，一会儿又掌握在父母的手里，父母跟孩子的每一次冲突都是

权利争夺战的继续，即到底家里谁说了算。当然，从长远来看，这对父母和孩子双方来说都是极其累心的。

如果我们需要一直处理权威问题，那当然也是很累人的。究竟什么样的情况会涉及权威问题呢？答案是：只要涉及需要我们干涉孩子行为表现的情况，就会涉及权威问题。孩子的行为表现大致可以分为两种：一种是我们想要看到的行为表现，另一种则是我们不想要看到的行为表现。

我们最不想要看到的行为表现包括：哭哭啼啼、发脾气、摔东西、顶嘴、呜咽、哀求……

我们想要看到的行为表现包括：孩子整理自己的房间、自己做作业、和朋友分享自己的玩具、跟妹妹相处融洽等。

如果你想要前一种行为立刻停止，孩子就能在几秒钟之内立刻停止那种行为。而后一种行为则完全不同，与前一种行为相比它出于一种完全不同的动机，而且这些行为活动不是简单的几秒钟就能完成的事情。比如，让孩子开始学习或做作业、整理房间、遛狗……这些不是几秒钟就能完成的事情。

为什么区分这两种不同的行为表现很重要呢？要知道你正在面对的是孩子的哪种行为表现，这样可以使你做出更好的干预选择。因此，如果你对孩子说："我数到三，你就得开始做作业了"，那你很有可能不会成功，因为你正在要求孩子做一件他几乎不能做的事。每一次错误的判断都会削弱父母的权威，因为父母正在要求孩子做一些几乎不可能被完成的事情。另一方面，如果你对孩子说："我数到三，马上给我停止哭哭啼啼"，那你成功的几率相对会很大。

在区分孩子不同的行为表现时最重要的就是：必须清楚你是想要你的孩子开始还是停止做某件事。如果你想要孩子停止某种行为，你可以期望孩子在短时间内就做到，在这种情况下就可以使用"1、2、3！时间到"的方法。如果你想要你的孩子开始做某件事，你就不能期望会在几秒钟之内就看到结果，因为开始做一件事情需要孩子有更多的计划、注意力和自控力。在这种情况下，支持、鼓励和诱哄会更有效。

父母对孩子行为表现的动机有一个很好的认识，同时清楚自己究竟想要孩子怎样做才有助于自己选择更加正确有效的应对方法。就像当孩子正在哭哭啼啼或闹脾气时，采用鼓励和诱哄的方法是肯定不合适的一样，在你要求孩子在公园里跟其他小伙伴分享他的玩具时，"1、2、3！时间到"这种方法也是完全没用的。此外，根据孩子的行为表现选择正确合适的应对方法将会产生积极的结果。当然，积极的结果同时也能增加父母的自信心。

孩子的策略

家里权利分配的问题可能就像是一场准备就绪的战争。而在任何战争中，采用好的策略都是至关重要的。下面让我们看看，为了努力取得家里的最高地位，孩子最常采用而且比较有效的策略都有哪些。

- **恳求和磨人**。“求你了！求你了！求你了！”“就再玩一次！就再玩一次！就再玩一次！”“妈妈、妈妈、妈妈、妈妈……”“为什么呀，为什么呀，为什么呀？”这是孩子最喜欢用的策略，它的隐含意思就是“满足我的要求，要不我就一直这样下

去”。美国一位著名的心理学家曾这样描述过上述策略：“有些孩子就像是二战中的机关枪，他们毫不留情地持续向你开火：‘求你了，求你了，求你了……’”而且这好像还不够，他们还会扯着嗓子对着你大喊大叫，让人很是恼火；要么他们就开始哭哭啼啼或哼哼唧唧，这同样让人很心烦恼火。有时，这整个过程还会伴随着他们在你面前胡蹦乱跳、摔东西、跺脚等类似的动作。过不了多久，你所希望的就只是孩子能立即停止这些令人心烦的行为，为此你准备认输放弃并决定满足孩子的要求以期待他们不要再来烦你。孩子所用这个策略的优势在于它的无休止重复，其实在孩子说出第一个“为什么呀”之前，他已经很清楚父母为什么不让他做这件事。但是如果你还是不停地向他解释，那你的地位很快就会变弱，而孩子的地位则会不断变强……直至他取得最后的胜利。这个策略的优势在以下的情况中会更为突显：处在公共场合时或你比较疲劳时。在这种情况下，为了让他们不再烦你，你肯定会向他们屈服。

闹脾气（生气、尖叫、躺在地上打滚、用头撞墙等）。让大多数父母害怕的策略就是：孩子闹脾气。他们通常是从两岁开始就会闹脾气，而且父母会惊讶于他们的能量，他们在闹脾气时所能做的事情会完全超乎父母的想象。不是所有的孩子都会有这种倾向，但如果出现以下的情况，那孩子闹脾气的次数就会更频繁，也更激烈：孩子身边有人，父母尝试着跟孩子讲道理，父母正在恳求孩子，父母不知道该做什么。父母应该知道孩子在特定的年龄闹脾气是再正常不过的事了，此外，闹脾气跟孩子的不成熟及控制冲动的能力相对较弱有关。如果父母能够冷静应对，孩子闹脾气的次数就会越来越少，且在他们五六岁之后就不会再有。

威胁。“我不吃晚饭了！”“我不做作业了！”“我要离家出走！”“我决不会再拥抱你了！”，“我讨厌你！我不想跟你说话”，然后很坚决地走开。这些威胁的背后蕴含的信息是：“如果你不满足我的要求（如给我一些糖果、让我看电视、允许我出去玩、别让我整理房间等），你就会后悔的！我会离家出走，我不吃饭了，我不会再爱你了，我讨厌你，我不要跟你讲话……”

大卫（四岁）每次只要他的妈妈不满足他的要求，他就离家出走。有一次，大卫的妈妈（她已经厌烦听到儿子要离家出走，厌烦了每次都得恳求儿子，跟儿子说好话劝他不要离家出走）握着儿子的手对他说：“我很抱歉你最终决定要离开这个家，但如果这是你想要的，那我祝你好运。”之后，她目送困惑不解的儿子出了门。十分钟后，她打开门看见儿子坐在门口，一脸的委屈和闷闷不乐。他没有等妈妈说什么就进了家门，从此以后，他再也没拿离家出走来威胁他妈妈了。

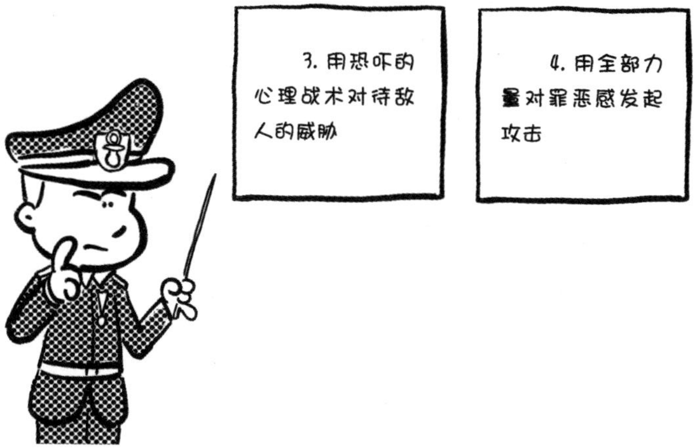

装可怜。装可怜是孩子最常用也最有效的一个策略。只要一听到孩子说："我是个没人爱的孩子！""你爱她比爱我多！""你从来都没有时间陪我！"一些父母就会产生深深的愧疚感，因此这个时候他们就会满足孩子提出的任何要求。作为父母，我们过去犯过错，现在也正在犯错，而且将来我们还会继续犯错。这是毫无疑问的事。我们经常会被一些不得不做的事情缠身，而且有时我们还要被迫做一些很艰难的选择。大多数妈妈在因为要去上班而把孩子丢在幼儿园里时会有一种深深的愧疚感，因为她们觉得孩子仍然需要她们在身边陪伴。因此，在这种情况下，妈妈的愧疚感会比我们想象得要深（“我为什么不能多花点时间陪陪我的孩子呢？”“或许我真的比较偏心另外一个孩子”“我本应该能把那件事处理得更好的”“我没必要像那样对他大喊大叫的”）。有时候，孩子要做的只是装装可怜，然后就能得到他们想要的东西：比如糖果、额外的玩耍时间、冰淇淋、新玩具、不用整理房间或收拾玩具……如果使用这个策略时再加上几滴眼泪或表现出悔改的样子，事情成功的几率就会大大提高。当然，这是针对孩子而言的。

奉承/说好话。“你是世界上最好的妈妈”“我先去打扫厨房，然后再去整理我的房间，那里真是太乱了”“我现在先去遛狗，之后再做作业。最好能准时完成作业”——尽管有时候我们想要相信自己的孩子是完美的，是家教良好的，是善良友爱的，但当我们听到类似上述这样的话时，我们要知道事实可能并非如此。实际上，奉承这个策略的隐含意思是：“当你看到我表现这么乖时，你就不会拒绝我提出的要求了。”当然，这个策略不像其他的策略会让人不愉快，但我们应该要牢记：孩子表现出的这种乖巧行为意味着他很快就会对你有所求（比如延长宵禁时间、要买一条新裙子或一双新的溜冰鞋……）。年龄偏小的孩子通常不会用这种策略，他们宁愿躺在地上打滚。但孩子到了七八岁以后，就会偶尔用这个策略来得到他们想要的东西。

拳打脚踢。对父母来说，孩子的奉承策略可能是最让人省心的策略，而拳打脚踢策略则是最不让人省心的策略。对父母拳打脚踢或一生气就砸烂家具、摔坏玩具的孩子会让父母心有余悸，从而让父母妥协并放弃对他们的要求和权威。当然，孩子越大，父母就越难控制孩子的行为。一个三岁的孩子在生气的时候踢你，跟一个十五岁的孩子在生气的时候踢你，你所忍受的疼痛不可能是一样的。这两者之间的区别不仅仅在于十五岁的孩子踢你时的力气更大，还在于这种场景所蕴含的一切。如果孩子的这种行为在他上了学之后仍然继续，那么这个家庭很有可能会出现很多的问题。

尽管上述的策略都是孩子在努力取得家里最高地位时所采用的策略，但我们仍需记住的是：孩子并不是有意识、有计划地在用我们所说的这些策略。这些策略经常会被轮流使用，而且它们之间是互补的关系。孩子使用这些策略唯一的原因在于：如果我们能从某种特定的行为中受益，那么就很有可能会重复地运用它。这是关于人类行为的一个永恒不变的真理。因此，父母要明白孩子有某些过分的行为不是因为他们提前计划好这样做，也不是因为他们脾气暴躁或傲慢无礼，而是因为一些更具体的原因，即他们能从这样的行为中受益。

无效的管教方法

一位妈妈和孩子在游乐园里的对话

“妈妈，我能再玩一圈吗？”

“不行。我们之前说好的，玩完三圈就回家。”

“妈妈……求求你了，我就再玩一圈！”

“不行。”

“就一圈……”

“不行。”

“为什么不行呀？就一圈！”

“因为我们回家要晚了，我还得做晚饭。”

“求你了，求你了，求你了……”

“不行。我们说好的就三圈。你答应我会好好听话的。”

“我会听话的……但是就再玩一圈……好不好啊……”

“不行……”

“可是你都让简玩五次了！”

“我什么时候让她玩五次了？胡说。”

“我知道你让她玩了五次。因为我看见了。”

“那也不行……”

“我讨厌你。你是世上最坏的妈妈！”

关于同一个主题，上述的争吵可以有无数不同的变体（这样的争吵可以是关于糖果的，也可以是关于新玩具的，还可以是关于额外看电视或玩游戏的时间的……），而且这样的争吵持续的时间可以很长，也可以很短。但是，它们的本质都是一样的：孩子不听话；你先试着跟他讲道理，然后恳求他，然后跟他解释，到最后失去耐心，变得很生气，对他大喊大叫……依据父母和孩子双方的性格，可能是在争吵开始时，也可能是在争吵的过程中，或者是在争吵结束时，父母无法控制场面且失去耐心，那么结果就是：要么他们对孩子发脾气甚至是责打孩子，要么他们变得灰心丧气，从而跟孩子妥协。

最常见的情景就是：**劝说—讲道理—生气—打骂**，或者**劝说—讲道理—放弃**。不管怎样，在这场争吵中父母都是输的。而且父母会觉得要么他的孩子有问题，既任性又无礼（还记得达斯科·拉多维奇说的话：给我一个好孩子，我就能成为一个伟大的父亲），要么就是他自己太无能，要么是两者兼有之。

为什么上述两种无效的管教方法，劝说都是处在最开始呢？难道发生争吵时，不劝说就是好的吗？

> 四岁的萨拉想买一个玩具，在她妈妈拒绝买给她之后，她从刚开始的讨好和恳求转变成当众大哭大闹，耍脾气。于是她妈妈便开始给她讲道理："我不会给你买玩具的。我们之前不是说好什么都不买的

吗？上周我不是刚给你买了个芭比娃娃……家里有好多这样的玩具。你这样真的很不听话……”

孩子不听话，父母就开始向他解释，并不断劝说，给他讲道理。这样的场景你肯定看到过无数次，甚至还亲身经历过。但几乎可以肯定的是：你从未见过哪个孩子因为父母的劝说而停止生气、胡闹和恳求。如果是这样的话，那就意味着萨拉停止了哭泣，并擦干眼泪对妈妈说：“妈妈，你是对的。我忘了我们之前说好今天什么玩具都不买。”类似这样的事情只会发生在科幻小说里。那为什么在类似这样的情况下，跟孩子讲道理是没用的呢？

指望通过劝说或讲道理的方式来让孩子听话的父母，其出发点是把孩子当成是个小大人。他们认为一切事情都可以通过交谈和协商来解决，父母的这种理解是

基于以下观点：孩子是个有理智、有判断力的人。如果真是这样的话就好了。但实际情况并非如此。孩子一些任性的行为表现，拒绝接受任何劝说和道理，不管你多用心、多热情地讲给他听，而这些恰恰都只说明一个问题：你正在应对的是个孩子，而不是成人，而孩子难免会任性。仅此而已。期望通过跟孩子讲道理来解决问题的父母通常是不会成功的，而且他们在孩子面前没什么权威。此外，对孩子不切实际的期望还会损害父母和孩子之间的关系，因为父母经常发现自己处于这样一个循环中：**劝说—讲道理—大骂—责打。**

因此，当你准备开始跟孩子讲道理时（这通常不会按你所想的方式结束），不要不耐烦或者对孩子大喊大叫，或觉得孩子太任性、太忘恩负义了，而是要试着这样想：你有见过哪个孩子在这样一种情况下会停止胡闹，还乖乖地对你说："爸爸，对不起。我没有考虑那么多。现在我知道我不应该再买冰淇淋了""我不应该要买那个玩具，它太贵了""我不应该在午饭前吃蛋糕""我不应该随心所欲地玩游戏"我不应该欺负妹妹……"你当然没见过了！这是确定无疑的事。因此，你别无选择，只能改变你的管教策略。

在讨论父母有效的管教方式之前，先让我们看看父母犯的比较严重的管教错误：**太多的说教和太多的情感**。这些都有损他们的权威。

我们已经看到基于孩子只是个头比较小，但仍是个有理性、有判断力的人，这样一种观点而采用的说教策略是无用的。父母在管教孩子时说教太多，不仅会让周围的人觉得他们没有什么权威，同时也会让孩子觉得他们没什么权威。

艾利克斯经常打架。“等一下，艾利克斯，你那样做真的好吗？关于打架我们已经讨论过多少次了？我告诉过你不可以打其他小伙伴的。他们都是你的好朋友，你要跟他们一起玩。我昨天才刚给你讲过这些。真的不知道同一件事我还得告诉你多少遍。这样真的不好。我们不是都说好了吗……”

艾利克斯的妈妈说得越多，其实越不知道自己究竟应该怎么做。而且艾利克斯对他妈妈的说教根本不予理会，很显然他之前也这样做过。

尽管父母和孩子之间的交谈是珍贵的且不可替代的，但在父母管教孩子时，交谈并不可用。当父母需要确立自己的权威时，太多的说教只会起到反作用。

情感也是如此。通常父母的不安、忧虑、生气甚至愤怒，实际上都是因为管教方法不当或对情况判断错误而导致的。显然，在我们应该发挥权威的情况下，情感的波动只会削弱我们的权威，甚至让我们离原定的目标（即改变孩子的行为）越来越远。打和骂，常出现在“劝说—讲道理”循环圈的末端，很明显是由于父母情绪失控而导致的，而并不是在管教的过程中，父母对打和骂的有用性的反思。

比较以下两种父母：一种是在孩子不听话时，对孩子大喊大叫，或对孩子生气，或动手打孩子的父母；另一种是面对同样的情况，表现得很平静、很镇定、很明确坚定的父母。这两种父母，哪一种父母拥有更多的权威，哪一种父母更有可能实现自己的目标呢？

对孩子和父母来说，这个答案是显而易见的。

有效的管教方法

> 回忆一下前面出现的场景。
> 一位妈妈和孩子在游乐园里的对话。
> “妈妈，我能再玩一圈吗？”
> “不行。我们之前说好的，玩完三圈就回家。”
> “妈妈……求求你了，我就再玩一圈！”
> “1……2……”
> “哼！”
> 孩子生气地朝家里走去。

如果你对“1,2,3！时间到”这个方法不是很熟悉，那你可能会奇怪，仅仅是数数竟然就能改变孩子的行为。或者它是种魔法吗？只要你用这种方法去管教孩子，从他两岁一直到他十二岁，你就会知道它的魔力所在。

那么它究竟是种什么样的方法呢？

1，2，3！时间到

当父母开始采用“1，2，3！时间到”这种方法时，其实是在向孩子暗示：如果你胡闹不听话，我就通过数数给予警告。当父母数到“3”时，孩子仍然没有停止胡闹，相应的后果就要由孩子自己来承担。

斯蒂芬总喜欢取笑他的弟弟。他的妈妈已经警告过他不要再这样做，但他不听。于是他的妈妈就采用了上述的方法。

"斯蒂芬，1……"

"但是我什么都没做啊！"

"2……"

"好了好了。在这个家里连一点乐趣都不能有。"

桑德拉的爸爸已经多次告诉过他的女儿，在他打电话的时候不要吵闹。但每次他一打电话，桑德拉就开始在旁边吵闹。桑德拉的爸爸没有挂断电话，而是对着她竖起一根手指，这表示"1"，是在警告桑德拉再不停止吵闹，后果自负。于是桑德拉闷闷不乐地回自己的房间去了。

"1,2,3！时间到"这个方法的魔力究竟是什么呢？

通过采用这种方法，父母就可以避免犯两大错误：太多的说教和太多的情感。这两大错误不但不能解决问题，还会削弱父母的权威。我们假设孩子知道哪些行为父母认为是不可接受的（比如打架、顶嘴等），那么当父母开始数数时，他们其实正在清楚、明确地告诉孩子："仔细想想你现在的行为是否合适，否则后果自负。"当孩子知道这不仅仅是交谈，即如果他知道自己再胡闹不听话，后果可能会很严重，那么在父母数出

“1”时，他就会立即停止自己的这种行为。这样，父母不仅能让孩子乖乖听话，而且还能在不生气的情况下很快控制场面，更不用说这种方法对提高父母自信和权威的巨大作用了。

“1,2,3！时间到”这个方法背后的魔法准则是什么呢？**——后果自负。**

> 梅兰妮的妈妈每天早上都要因为上学迟到而和女儿争吵。每次她都得又哄又劝又恳求，有时甚至还会发脾气，对女儿大喊大叫。有一次，她只是对女儿说："你有十五分钟的时间穿衣洗漱。之后我们就要出门了。"而梅兰妮（六岁）着睡衣又看了十五分钟的动画片，她以前也经常这样做，于是她的妈妈直接让她穿着睡衣，然后把她送到了学校。从此之后，她们再也没有因为上学迟到而争吵过。

自己承担某种行为的后果也是一种最好的学习方式。"1，2，3！时间到"这个方法的优势从长远来看更显著，因为这种方法让孩子学会为自己的行为负责，而且学会自己做选择：要么就继续自己的胡闹行为，然后承担后果；要么就停止胡闹，避免胡闹产生的后果，从而获得父母的表扬。在父母一开始数数时，孩子就要重新思考自己的行为是否合适，以及是否要继续自己正在做的事。对孩子来说，不管是选择前者继续胡闹，还是选择后者停止胡闹，都要承担相应的消极或积极的后果。通过采用这种方法，父母教会了孩子要自己做选择并为自己的行为负责，同时父母也通过这种方法传达给孩子远比解决问题更重要的信息：你要为自己的行为负责，你的选择会影响你对问题的解决。这种方法不仅能增强孩子的自信心，而且能使孩子的行为表现得更加成熟和得体。

如果在孩子胡闹不听话时，我们选择妥协，比如给他买冰淇淋，或买玩具，或吓唬他（“等回家了我再好好收拾你……你一个月不许踏出房门半步，三个月不许玩游戏……”），那么这个时候我们说什么不重要，重要的是我们做什么。如果我们告诉孩子不能再玩第四圈，但在半天的劝说无用之后我们选择妥协让孩子再玩了一圈，或者在孩子哭哭啼啼，在我们苦口婆心的劝说之后，还是给他买了玩具，那么孩子就只会记住：“妈妈说什么不重要……唯一重要的是我闷闷不乐（或哭哭啼啼、哼哼唧唧）了很久。”尽管那些采用无效策略的父母会倾向于把失败的责任归咎于孩子，但其实他们失败的原因很简单：孩子只是做了你教他做的事情而已。如果孩子在哭哭啼啼半小时之后你给他买了玩具，他就会认为：只要一直哭，就可以得到自己想要的东西。尽管你可能本意并非如此，但这确实是你教给孩子的事情。

想象一下你因为超速被交警拦下。他开始生气地教训你：“你没看到限速牌吗？牌子上是怎么写的？120公里/小时？当然……看看你是什么速度？你到底是怎么想的，竟然开到140公里/小时？而且威胁到他人的生命总是不好的！”当然，上述场景是绝不可能发生的，其原因很简单：因为那样做没什么用。你要做的就是为自己的超速交罚款。交警不会跟在你后面去监督你有没有超速，他也不会跟你解释为什么超速是不好的。他只会给你一张罚单，然后由你决定下次是否还继续超速。因此，后果自负的准则是非常有效的，而且完全适用于管教孩子。

阻碍一些父母使用“1,2,3！时间到”这种方法的是孩子的愤怒。孩子当然不乐意听到你说“1”，因为这就意味着他必须重新思考并改变自己的行为。通常虽然孩子会闷闷不乐，会怨恨父母，甚至可能会反抗，但他还是会按父母希望的那样去做。有些父母为此感到很受伤，而且会对此发表自己的意见（你没有理由生气……），或是为他们自己的行为辩解。父母一方面要避免受伤的陷阱，另一方面要避免因为过多的说教和解释而削弱自己的权威。很简单，就让孩子生气去吧。因为孩子有资格生气，在那个时候对你来说最重要的事情就是让孩子改变自己的行为——不管他是高兴还是不高兴。孩子生气是受挫后的正常反应，而父母对孩子的管教很显然会让他受挫。至少在当时会让他受挫。你不能期望你的孩子可以理解你所做的一切都是为他好。

所以，一直沉着、冷静地采用“1,2,3！时间到”这种方法也是教会孩子什么样的行为是得体的，什么样的行为是不得体的一种有效途径。同时还能增强孩子的自信心和责任感，这对孩子个性的全面发展有着至关重要的作用。同样重要的是，你可以很容易地在短时间内快速解决那些比较“棘手”的问题，比如孩子不听话，在商店里哭哭啼啼，或在公园里打架等。这样你难道没有成就感吗？

鼓励和支持

我很为你骄傲！

有时我们把管教孩子当成是一场坚决不能输的战争或是一次坚决不能输的战斗，我们所有的管教方法都表现了一种斗争的态度：**要么赢，要么输**。但是，我们有时也要采用一些支持、鼓励和诱哄的策略。在任何情况下，我们都需要用这些策略来辅助我们所采用的每一种管教方法。通过支持和鼓励让孩子有令人满意的行为表现是尤为重要的。因此，当我们想要让孩子有某种行为表现时（比如按要时做作业、整理自己的房间、把玩具给弟弟玩等），我们就需要鼓励和刺激他去这样做。不管孩子年龄多大，不管刚开始是否明显，孩子都想让父母高兴和满意，都想要父母以他为荣。基于此，父母在管教孩子的过程中，可以多关注孩子积极的表现，并不断给予鼓励和支持。

有时候我们过多地去关注孩子那些不当的行为，并费尽心力试图去改变那些行为，以至于忽视了孩子所做的一些值得肯定和鼓励的事情：帮助他的弟弟，在超市的时候紧紧抓着我们的手，把糖果分给朋友吃，自己独立完成作业，帮助我们收拾餐具，分享玩具……或者只是乖乖地一个人玩。如果我们能有意识地去关注孩子那些令人满意的行为表现，而不是去抱怨他们那些不当的行为表现，我们就会发现其实孩子做了很多令我们满意和高兴的事。不要把这些当成是理所当然，并对此视而不见，而是要大声地表扬孩子！那种认为这样做会惯坏孩子，或认为表扬是多余的、没必要的观点是十分有害的。“我很为你骄傲！你真是妈妈的乖女儿！”“亲爱的，做得好！很开心你能跟鲍伯一起分吃你的巧克力”“你真棒！”“加油！B是个不错的成绩”“真棒！我知道你已经非常努力了”，类似这样的表扬不仅比其他方法更能让孩子的行为令人满意，而且从长远来看，还能提高孩子的自信心，增强彼此之间的信任，同时让你和孩子之间的关系更密切。

即使孩子出现令人不满意的表现时，“**半杯水是半满，而非半空**”的态度，也就是怀有积极乐观的态度会有很大的帮助。

当一个年仅四岁的孩子在从幼儿园回家的路上不停地哭哭啼啼，闹脾气时，我们就不要对他有更高的要求或是给他增加额外的负担了，而是要让自己冷静下来："这一整天对他来说肯定也很难熬，他现在一定是又累又饿了……一个四岁的孩子能这样已经很好了。"这样我们就会忽视孩子的哭哭啼啼并关心地询问他："宝贝，你是不是累了？再坚持一下，我们马上就到家了。你今天表现得真棒，能自己一个人走那么长的路，真是妈妈的好孩子！"

此外，我们需要时常牢记：在某些情况下管教孩子时，我们需要运用一定的父母权威，但同时我们也应该多去关注孩子一些令人满意的行为；有时候我们应该要能注意到孩子的这些行为并对他提出表扬，同时给予他支持和鼓励。最后，就像我们努力想成为最好的父母一样，我们的孩子也在努力成为最好的、值得我们骄傲的孩子。

重获权威

- **承认你的权威。**你在重获权威之前，不管是认知上还是情感上，都需要先承认它，就像是守旧派政治家曾说的："这是你的权利，也是你的义务。"你没必要向任何人解释你为什么要以某种特定的方式做事，包括那些好奇的旁观者，甚至包括你的孩子；你也没必要向任何人证明你自己。
- **拉近和孩子的距离。**培养与孩子之间的亲密关系并大声地表达你对孩子的爱。如果你和孩子之间的关系密切，这不仅给你和孩子情感的支持和愉悦，也能让你更好地了解孩子，如此你就能够预测在什么样的情况下该对他抱有什么样的期望。
- **持续一致。**如果有些规则一会儿适用，一会儿又不适用，那与此相关联的规矩也就不会稳定。假如连你自己都不确定哪些行为是得体的，你就不可能期望你的孩子能清楚这些。
- **清楚明了、避免使用冷暴力和挖苦、嘲讽的言语。**"真好，原来你还记得我说过要把垃圾倒掉啊！"这本应该是句表扬的话，但它实际上听起来却像一句批评的话。不要期望孩子能理解你话语背后的隐含意义（比如，对一些你不赞成或不满意的行为，你却说"真好！"）。为了让孩子知道你究竟想要他们做什么、怎么做，而不用他们在那里胡乱猜测，你需要把你的要求清楚明白地告诉他们。所以，不要拐弯抹角，要清楚明了地告诉孩子你希望他们做什么，不希望他们做什么。

以身作则。通过以身作则和跟孩子的不断交流，就能让孩子知道你对他的期望是什么。如果一条规则不仅仅适用于孩子，还适用于整个家庭，那就再好不过了（“家里不允许打架”“在我们家里不准说脏话、不准骂人”）。

未雨绸缪。在管教孩子时，出现你不得不发挥权威的情况越少，就越好。对孩子和你自己的需求有很好的认识，对你所处的环境有清楚的了解，并能提前采取一些实用的措施以防止问题的发生，这样就可以让一些不愉快的事情发生的频率降低。当然，这并不意味着在遇到需要你发挥权威的情况时，你要避免发挥权威。对孩子有很好的了解能使你的未雨绸缪，变得更容

易些，也就是说，它有助于防止发生一些不愉快的场景，至少是一些可以避免发生的场景，而在这些场景中你需要发挥你的权威。

关注孩子的年龄及其周围的环境。 对一个三岁的孩子和一个十三岁的孩子，你的权威和要求是不可能一样的。当孩子很累、很紧张或是出现问题时，你要根据具体情况来调整你的管教方法。灵活对待孩子的责任感问题。当孩子的表现成熟以后，你的态度也会随之改变，你需要发挥权威的频率也会降低。

采用有效的管教方法，并给予孩子支持和赞扬。 管教方法要行之有效，且不能太暴力。不同的管教方法之间不能互相排斥。当然，在管教孩子时，支持和赞扬是很有必要的，也是很有用的。有效的管教方法加上支持和赞扬，一定会有意想不到的结果。这样你不仅能拥有权威，同时还能跟孩子保持亲密的关系。

不要慌张失措或胡乱发脾气。 承认并接受你的权威，并且能在适当的情况下正确地运用它，如果你觉得这样做是对的，那就要避免太多的说教和情感。

准备迎战。 有些战斗根本不值得你为之而战。例如：一个十几岁少年的房间可能就像一个战场。做出让步：房间地上没有到处散乱着东西，孩子一定是每周整理一次房间。等你出去的时候顺便把门关上。如果你的女儿决定把她的头发染成粉色，不要害怕，也不要反对。这样你就可以禁止她文身、穿耳洞等对健康有害的行为。同时期望她染粉色头发只是一时的。如果孩子所做的事对他自己以及对其他任何人都没有危害，如果他所做的事情健康又合法，那就让他去做吧。

让孩子承担后果而不是接受惩罚。 让孩子为自己的行为负责，并从他们自己所犯的错误中吸取教训，对孩子来说是极好的。此外，自己承担某种行为的后果也是一种最好的学习方式。当然，父母将决定哪些情况下需要孩子自己承担后果。

不要针对孩子。 如果父母认为孩子是故意惹恼或伤害他们，或是故意让他们生气，那他们就大错特错了。如果我们把孩子的不听话看成是对我们的反抗，那我们不仅错了，而且还会产生相应的情感反应，比如生气、难过和失望。这样只会让事情变得更复杂。孩子不听话不是为了要惹怒或伤害我们，而是因为有时候他还不够成熟，因为某些特定的原因他认为这样做是有利的，因为我们是这么教他的（虽然我们的本意可能并非如此）。

与众不同的权利。 世上不存在能适用于每一个家庭的普遍规则。你教给孩子的东西和你的价值观可以跟其他人或是其他家庭的价值观不同。这是完全可以的。

- **偶尔的不听话是很正常的，也是意料之中的事。**不要期望你的孩子可以在任何情况下都能表现乖巧听话。但是，你可以决定什么时候、在哪些场合，不听话是不可接受的，以及什么时候你可以在一定程度上包容他的不听话。
- **犯错的权利。**需要父母发挥权威的情况不总是简单容易的，有时候你会不确定自己所做的是否正确。有时候你会发现自己在某些情况下也会犯错。这都是很正常的。父母不应该对自己要求过高，或过于追求“完美”。我们只要试着不去犯大的错误，不

去犯经常性的错误就行。这种要求对我们自己和另一半来说已经足够了。期望我们自己永不犯错显得我们太野心勃勃，而且这也是没必要的，甚至是有害的。如果我们总是要求自己要完美，那我们很有可能就会对孩子抱有同样的期待——要求孩子要完美。这样我们就会偏离正轨。我们应该努力奋斗的目标是：孩子大多数时候表现得乖巧听话，但偶尔会有点小叛逆。为了我们自己，同时也为了我们的孩子，关于完美父母和完美孩子的神话就应该被打破。

时刻牢记最终目标。 当你因管教孩子而精疲力竭时，记住你的最终目标是为了孩子的幸福。同时也要记住在确立权威时，你表现得越坚定、一致，你需要重获权威的几率就会越小。这对你和孩子双方来说都是件好事。

管教和乐趣

乐趣？难道我们正在考虑的不是如何建立家庭秩序？如何重获权威吗？

的确，如果你在家里没什么权威，那么对你来说可能最重要的事情就是维持家里的秩序以及缓解现存的紧张和冲突。谈论乐趣不仅没必要，还可能对你有损害。难道说让自己过得开心快乐，享受跟孩子在一起的快乐时光只会让事情变得更糟吗？

正好相反。作为父母，享受乐趣的重要性常常被看得很轻。

因为父母这个角色对我们很重要，而且我们通常只关注那些对孩子健康有益的事情，以至于我们经常忽略了最重要的事情：就是去好好享受跟孩子在一起的时光。因此，我们需要偶尔把关于孩子应该做的和必须做的所有事放在一边，然后只关注一件事——我们跟孩子共同参与的活动是愉快的。这个活动没必要非得是考智力的、对健康有益的。只要好玩有趣就行。

为什么这些愉快的时刻，也是你跟孩子在一起过得很开心的时刻很重要呢？首先，因为这些时刻本身很愉快，而且在这段时间里你跟孩子都比较放松。其次，要谈到乐趣的有用性。你跟孩子在一起度过的快乐时光和你们共同参与的有趣好玩的活动比你所做的无数有用的举动更有助于拉近你和孩子的关系。一起度过的欢乐时光所培养的亲密关系能让你对孩子有更好的了解，同时也让你和孩子之间有一种特殊的默契，这样当问题出现时，你就能更有效地去解决问题。跟孩子一起放松娱乐，决不会削弱你的权威。相反，在共同度过的愉快时光里所增强的亲密、互信和默契能让你在必要时更快地拥有权威。

就像我们之前所看到的那样，立规矩总归是不好的，规矩本身就是终结。立规矩应该是为了孩子的健康成长，而其必要的前提条件就是我们和孩子之间的亲密与互信。和其他关系一样，妈妈和孩子之间的关系也值得我们珍视。父母总是理所当然地以为孩子知道父母有多爱他，因此也就没有必要经常去向孩子表达爱。其实正好相反：就像你管教孩子，给他立规矩，因为你知道他可以从中受益；同样，你需要不定期地向孩子表达你的爱，并让他知道他对你有多么的重要。这对关系的两方面都不应该被当成是理所当然的。跟孩子一起共同参与一些有趣的活动，并享受彼此的陪伴是一种向孩子表达爱的方式，也是一种让孩子知道他对你来说很重要，而且你很享受和他在一起的时光的方式。如果你跟着孩子一起大笑，就会让孩子觉得你们在一起时你是快乐的。我们很难再找到一个更好的迹象来表明我们很开心。

因此，要习惯偶尔和孩子一起坐在沙发上，身上裹着毛毯，身旁放着爆米花，眼睛盯着正在播放的动画片，还不时一起哈哈大笑（如果能定期这样做就更好了）。或者花一两个小时陪女儿逛逛商场，让她试穿自己喜欢的衣服，之后再请她吃个冰淇淋。

不管什么时候，只要你可以，就暂且不洗碗或不洗衣服（虽然碗和衣服不会自行清洗），先好好享受跟孩子在一起的时光，因为正是这些时光让你和孩子之间有了一种特殊的情感，而这种情感让你们不管遇到什么事情都会紧紧地连在一起。随着时间的流逝，除了你所做的那些有益的事情外，你和孩子都会开心记得的事情就是你们一起度过的愉快时光：在电影院里看动画片时一起大笑、一起做比萨、讲笑话、在车里唱歌……

结　尾

你所拥有的最美好、最复杂、也最具挑战性的关系就是和孩子之间的关系。初为父母时，我们都充满热情和期待，但随着问题的不断出现（比如失眠问题、管教问题、权威问题、孩子在学校表现不佳等），我们开始乱了方寸，开始对自己失去信心，而且作为父母的满足感和愉悦感也比我们期望的变得越来越少。显然，这样一种状态不仅对我们，而且对我们的孩子以及我们和孩子之间的关系都是有害的。

然而，比较好的一点就是：为人父母不是一场百米赛跑，在百米赛跑中，一个好的起跑加上之后保持好的速度就可以使我们获胜，就可以赢得亮闪闪的奖杯和奖品。为人父母更像是一次长途旅行，这期间我们有时觉得像是坐上了法拉利，而有时又会觉得像是背了很沉重的背包。不管怎样，这两种感受都是很正常的。处于"法拉利"阶段并不代表我们就是完美的父母，而"背包"阶段也不表示我们很失败或是我们自己和孩子有问题。它们通常是相伴出现的。所以，当你无忧无虑地享受"法拉利"阶段时，不要忘了可能下一个转弯就是"背包"阶段，而在这之后不久（有时可能会需要很久）另一个无忧无虑的阶段又会出现。一直这样不断循环下去。

那我们应该做些什么呢？只要可以，我们就应该好好享受跟孩子在一起、陪伴孩子的时光，然后在这个过程中顺便解决出现的问题……这样就足矣。“那有什么奖励吗？”你或许会这样问。尽管在旅途的终点不会有亮闪闪的奖杯等着你，但如果你回过头去仔细看看，你会发现其实一路走来满是幸福和奖励。

关于作者

Nevena Lovrincevic 毕业于贝尔格莱德哲学院的临床心理学系。在临床实践的二十年期间，她曾跟孩子和年轻人一起工作，主要从事心理诊断、失眠、精神和行为失常的预防等方面的研究。

她开办了关于如何管教孩子和如何与青少年相处的课程，其中关于如何管教孩子的课程是与Kreativni Centar共同合作组织的。在“Parenting School”相关的课程中，十二岁以下孩子的父母可以找到他们需要了解的关于孩子情感、社交和智力发展的所有事项，还可以找到有效的管教方法，如何解决失眠问题、父母的管教风格、

父母最常犯的管教错误以及避免错误的方法……十二岁以上孩子的父母可以在如何与青少年相处相关课程中学会如何更好地理解青少年，如何更好地与他们相处的，如何解决冲突，如何应对青少年典型的叛逆问题，以及

如何正确地发挥父母权威等。

除了这本书外，Kreativni Centar 还出版了她在大众心理学领域的一些书籍：《教孩子如何睡觉》《父母的管教误区》《不打屁股也能立规矩》《克制愤怒》。

她喜欢用一种谦逊、简单的方式称呼读者。她所给出的建议通常比较清楚、简明、实用，而且是基于很强的事实之上的。Nevena Lovrincevic认为应该以一种轻松愉快的方式来抚养教育孩子。这种方式基于以下两个基本原则：一是对孩子无条件的爱，一是要给孩子设立明确的界限。

她跟她的丈夫以及三个孩子一起生活在贝尔格莱德。

如果你想了解更多关于Nevena Lovrincevic和她的作品，请登录www. nevena- lovrincevic.com.

大多数父母都不想用“老大”这个词来指家里的任何一个成员。然而，“老大”这个词却很好地描述了一个家庭的真实现状以及权利分配：孩子比父母拥有更多的决定权，尽管他们只有一丁点儿大，而父母是负责照顾他们的人。家中有个小霸王的父母肯定对这种精疲力竭的感觉深有体会，而且到最后他们经常会向孩子妥协或对自己失去信心，有时他们甚至会找一些自己都无法解释的理由。这样做使得他们忘记了：如果在家里，孩子拥有所有的权利，那是因为父母自己给他的。

从这本书里，父母可以学到更多关于以下的内容：

- 管教风格和权威之间的关联
- 失去权威的方式
- 父母权威受到挑战时，父母和孩子的感受
- 父母权威受到挑战时，孩子采用的策略与父母使用的方法
- 能帮助父母确立权威或是重获失去权威的有效方法